官渡之战

◎ 主编 金开诚

◎ 编著 张 利

吉林出版集团有限公司

吉林文史出版社

图书在版编目（CIP）数据

官渡之战/张利编著. --长春：
吉林出版集团有限责任公司：吉林文史出版社，2010.11（2023.4重印）
ISBN 978-7-5463-4126-2

Ⅰ. ①官… Ⅱ. ①张… Ⅲ. ①官渡之战－通俗读物
Ⅳ. ①K234.209

中国版本图书馆CIP数据核字（2010）第222275号

官渡之战

GUANDU ZHI ZHAN

主编/ 金开诚 编著/张 利

项目负责/崔博华 责任编辑/崔博华 高原媛
责任校对/高原媛 装帧设计/柳甫泽 张宣婷
出版发行/吉林出版集团有限责任公司 吉林文史出版社
地址/长春市福祉大路5788号 邮编/130000
印刷/天津市天玺印务有限公司
版次/2010年11月第1版 2023年4月第5次印刷
开本/660mm×915mm 1/16
印张/9 字数/30千
书号/ISBN 978-7-5463-4126-2
定价/34.80元

前　言

　　文化是一种社会现象，是人类物质文明和精神文明有机融合的产物；同时又是一种历史现象，是社会的历史沉积。当今世界，随着经济全球化进程的加快，人们也越来越重视本民族的文化。我们只有加强对本民族文化的继承和创新，才能更好地弘扬民族精神，增强民族凝聚力。历史经验告诉我们，任何一个民族要想屹立于世界民族之林，必须具有自尊、自信、自强的民族意识。文化是维系一个民族生存和发展的强大动力。一个民族的存在依赖文化，文化的解体就是一个民族的消亡。

　　随着我国综合国力的日益强大，广大民众对重塑民族自尊心和自豪感的愿望日益迫切。作为民族大家庭中的一员，将源远流长、博大精深的中国文化继承并传播给广大群众，特别是青年一代，是我们出版人义不容辞的责任。

　　本套丛书是由吉林文史出版社和吉林出版集团有限责任公司组织国内知名专家学者编写的一套旨在传播中华五千年优秀传统文化，提高全民文化修养的大型知识读本。该书在深入挖掘和整理中华优秀传统文化成果的同时，结合社会发展，注入了时代精神。书中优美生动的文字、简明通俗的语言、图文并茂的形式，把中国文化中的物态文化、制度文化、行为文化、精神文化等知识要点全面展示给读者。点点滴滴的文化知识仿佛颗颗繁星，组成了灿烂辉煌的中国文化的天穹。

　　希望本书能为弘扬中华五千年优秀传统文化、增强各民族团结、构建社会主义和谐社会尽一份绵薄之力，也坚信我们的中华民族一定能够早日实现伟大复兴！

目录

一、战争前夕

中国古代的星宿学，将西方七宿中的白虎星称为"煞星"，意为主持杀伐的战神。认为凡有白虎星经过的地方，一定在某一个时空点上，发生过箭矢如雨、血肉横飞的战事。官渡就属于白虎星曾经眷顾的地方。

建安五年，即公元200年。在官渡，北方的两大军阀袁绍与曹操，发生了一场历时数月的极为激烈的战斗。

　　曹操与袁绍都是官宦世家子弟。袁绍家族的门第更为显赫。因此他在东汉末年崛起的地方军阀中，始终显示出盛气凌人的优越感。他与曹操是少年时代的朋友，在反对宦官干政与董卓乱政的斗争中，又是同一战壕里的战友。此后，两人各自拉起队伍，成为割据一方的军阀。袁绍在河北，曹操在河南，两人的势力范围基本上以黄河为界。在连续数年的军阀混战中，两人时分时合，有时还共同御敌。这一对政治盟友的彻底决裂，缘于汉献帝被曹操迎到许都之后。

汉献帝名刘协，是汉灵帝的次子，被封为陈留王。董卓控制朝政后，认为他比较机灵，年纪也比较小，好控制，便废除少帝刘辩，拥立刘协即位。不久，董卓一把火烧毁了洛阳的宫殿，将献帝掳到长安。五年后董卓被王允设计杀死，汉献帝在大将军董承和杨奉几个人的护卫下，凄凄惨惨地踏上返回洛阳的旅途。经过将近一年的艰苦跋涉，才进入关内的河东地区。听说献帝归来，袁绍与曹操各自与部下商议如何处理与汉献帝的关系。

首先来说袁绍，在他内心深处，一直不怎么看得起汉献帝。说起来，这里面有一个故事：当年董卓打算废掉少帝，另立陈留王的时候，曾找袁绍商量过这件事情。

当董卓说出自己的打算时，袁绍立即表示反对。他说："这不行，少帝是太子，他合法继承皇位，又没有什么过错，怎么能随便把他废掉呢？"董卓当即就沉下脸来，斥问道："天底下的事情，只要我董卓想做的，难道还有做不成的吗？"袁绍不屑地回答："是的，以将军的威势，只要你想做某一件事，天底下没有人能够阻挡你。"董卓一掀胡子："那不就得了！"袁绍顶了他一句："但是，有一个人可以阻

挡你。"董卓一愣，问："谁？"袁绍起身离座，大声回答："我！"吐出这个字后，他头也不回地离去。

　　这一段记载，虽然对袁绍有溢美的成分，但当时的袁绍的确还存有忠于汉室，慨然以天下为己任的英雄气概。董卓本想拉拢袁绍，但是董卓出身没有袁绍好，不是什么世家大族，在那个十分重视门第出身的年代，出身于世家大族的袁绍根本看不上他。董卓见袁绍不肯与他合作，便决定对他下毒手。袁绍闻讯后，单骑逃往冀州。

此后不久，他使用不正当手段谋取了老朋友韩馥冀州牧的位置。几年间，袁绍便由名倾天下的"反阉斗士"蜕变为一个利欲熏心的军阀。更可怕的是，这个四代都为汉室重臣、出身名门的袁绍，早就萌生了皇帝梦。在这种情形之下，他怎么可能迎接献帝到他的邺城呢？

但是，他手下的核心人物中，仍有不少人对汉朝忠心耿耿。迫于他们的压力，袁绍只得开一次会议讨论此事。他手下的监军沮授、谋士郭图、将军淳于琼三人

都在这次会议上发表了意见。

　　沮授首先发表意见说："主公世受国恩，一门忠义。现在朝廷不稳，宗庙毁坏。我看天下所有的州郡，表面上都说要起兵勤王，实际上都是在攻城略地壮大自己。没看到有谁真正地忠于皇上，爱惜老百姓。主公今天州城初定，拥有了河北四州，在众多诸侯中，实力最为强大。所以，主公理应恭迎献帝的大驾到邺城来。如果把皇宫建在邺城，主公就可以挟天子以令诸侯，以朝廷的名义讨伐奸雄，蓄士马以讨国贼，到那时，谁又能阻挡你呢？"

　　袁绍听了，觉得沮授的话是书生之见，好听不实用，因此默不作声。冷了一会儿场，淳于琼开口说："沮授的意见，在下不同意。汉室现在已是日薄西山，皇室很难长久了。主公想复兴汉室，依在下看，难上加难。如今天下英雄各据州郡，都在觊觎皇位。古人曾说'秦失其鹿，先得为王'，这是谁都明白的道理。"

　　淳于琼把当时的形势和秦末作比较，认为袁绍就是刘邦，可以取代秦二世而开一代霸业，做一个雄视千古的英主。

　　淳于琼的话还没说完，袁绍的脸上

就浮现出了笑意。郭图也站起来附和淳
于琼的意见。袁绍便问淳于琼："将军的
意思，是不同意将皇帝迎到邺城？"淳于
琼点点头，接着说："若主公把天子迎到
邺城来，你做任何事情都得上表请示。如
果按照皇帝说的去做，就显不出你的权
威；如违抗皇帝的话，你又得背上抗拒天
子旨令的恶名。因此我认为，把天子迎到
邺城是自找罪受，绝非上策。"

　　沮授反驳他："把天子迎到邺城来，是天下都能接受的公理，而且现在时机非常合适，这是关系到主公事业发展的大计。主公如果一面背弃皇帝，一面又想号令天下，其他的诸侯就会联合起来，以讨伐汉贼的名义来攻打邺城，董卓的教训不得不吸取。主公啊，您如果不早点做决断，一定会有人抢在前面，把皇帝迎走，到那时后悔都来不及了。还请您三思而行。"

　　这时袁绍再也听不进沮授的建议了，他觉得淳于琼的意见非常正确，因此决定不理睬汉献帝。

　　在对待汉献帝的问题上，曹操与袁绍的态度截然相反。当曹操听说献帝出了潼关，在今天河南的灵宝一带避难的时候，就有了迎回汉献帝的打算。

　　曹操之所以想要迎回汉献帝，因为他的家族也是世受国恩，处在公卿地位，因此他心中还存有对刘汉朝廷的感恩之心。但更重要的是，他看中了汉献帝这块

招牌，可以为自己的霸业服务。因为当时的一些士族以及广大的民间百姓，对刘汉的社稷还存在着心灵的归附与感情的依赖。他如果控制了汉献帝，就有可能获得民心。

奇怪的是，在曹操举行的会议上，他的谋士们大都反对迎接汉献帝，这一点与袁绍的谋士们倒是惊人的相似。曹操的首席谋士荀彧，同袁绍的首席谋士沮授一样，都衷心拥戴汉室，也都具有拨云见日的战略眼光。荀彧在会上力排众议，侃侃而谈："将军若在此时能迎来天子，

是上合天意下符民心的事情。自古得天道与民道者，便是大顺势，此其一；其二，迎来天子可以号令天下英雄，这是大策略；其三，在汉室衰败的时候，迎回天子重振社稷，这是大功德。圣贤顺时而为，英雄择机而动，天下虽然有很多人反对您，但因为您的这个举动，他们就没有办法打垮您。主公，如果现在您不立刻做出决定，一旦天下诸侯生出各种各样的野心时，您想做这件事，也就来不及了。"荀彧建议中的三大，即大顺势、大策略、大功德说得诚恳、动情。曹操当即采纳，并派中郎将曹洪带兵西进，迎接汉献帝。但是汉献帝身边的车骑大将军董承踞守险关，曹洪的兵马无法西进，第一次迎驾失败。

不久，献帝身边的几个重臣起了内乱。董承和杨奉费尽九牛二虎之力，历尽艰难，终于在建安元年的七月一日，把汉献帝迎回了故都洛阳。汉献帝从离开洛阳到此次归来，经历了五年四个月又十五天。曾是雕梁画栋、繁华热闹的帝京，如

今一片废墟。曾经照遍繁华的夕阳匍匐在离离的荒草之中,夜夜笙歌换成了断鸿的哀鸣。目睹眼前的景象,君臣莫不泪下如雨。

随汉献帝归来的文武官员,只好拔除荆棘杂草,住在断墙破壁之下。更可怕的是,洛阳十室九空,没有人为皇室提供粮食,汉献帝终日饥肠辘辘。董承下令,所有官员无论官职大小、地位尊卑一律到郊外去采摘野菜。野菜采尽,再也找不到任何替代的食品充饥,饿死的官员兵士不在少数,这时的汉献帝已经陷入了绝境。

洛阳之北,是袁绍统治的冀州邺城;洛阳之南,是曹操坐镇的豫州许县。袁绍对汉献帝的处境不闻不问,在这种情况之下,一直把汉献帝视为奇货而拒绝与曹操合作的董承,只好硬着头皮,秘密地请曹操来到洛阳。在汉献帝到达洛阳一个月后,曹操带兵回到了阔别七年的洛阳。

　　当曹操穿过败壁残垣，看到在破屋中栖身的小皇帝一脸菜色，不禁动了恻隐之心。这时，他有心把汉献帝迎回许县。但他知道，无论是董承还是杨奉，绝不会同意他的主张。

　　于是，他对董承和杨奉撒了一个谎，说："洛阳虽然是都城，但已被董卓的一把火烧成了废墟。在下虽然有心重建，但绝非一朝一夕所能完成，加之洛阳与邺城相距太近，袁绍久有篡位之心，倘若他派兵突袭，皇上就非常危险。而且，洛阳频遭战乱，如今已成弃地，粮食供应也成

问题。依我之见，先让皇上暂时移居鲁阳（今河南鲁山），待洛阳宫殿修复后，再搬回来。"

杨奉对曹操存有极大的戒心，但见曹操说得头头是道，加之鲁阳在洛阳附近，不属于曹操的势力范围，因此就点头同意了。

但曹操把汉献帝带出洛阳后，在鲁阳并不停留，而是迅速走上回许县的道路。杨奉发现上了曹操的当,非常恼火,立即带兵追击,试图加以阻拦。在阳城县(今登封市告城镇)境内,被埋伏的三股曹军打得抱头鼠窜。曹操费尽周折之后,总算如愿以偿,实现了挟迎汉献帝的战略目标。当时正值建安元年的庚申日,即公元196年10月7日。

建安二年的三月,华北平原已是春意融融,这一天,担任汉献帝宫廷少府职务的大名士孔融乘着驷马高车(四匹马

拉的车）来到邺城。出于对名士的尊敬，
袁绍亲自出城迎接并设盛宴招待。席间，
袁绍问孔融："少府大人，你此行是奉天
子之命呢还是奉曹操之命？"孔融答道：
"当然是奉天子之命。"袁绍问："天子有
何诏旨？"孔融吩咐随从打开锦囊，从中
拿出献帝的诏书，恭恭敬敬送到袁绍手
上。

这封诏书表示任命袁绍为大将军。
袁绍将诏书朝案几上一扔，嘲笑道："大
将军这个头衔，天子不是赏给了曹操吗？

怎么现在又转到我头上来了?"

袁绍这样说,是有原因的。汉献帝一
到许县,便接受曹操的建议,将许县更名
为许都,将年号改为建安,196年即建安
元年。一直担惊受怕的汉献帝,的确是想
依靠曹操,重建强盛的大汉王朝,但这
只是他的一厢情愿而已。虽然献帝作为
大汉天子,名义上有着统摄八方、威加
四海的皇权,但他的号令难以贯彻。说穿
了,他只是一个名义上的皇帝,不然也不
会落魄到让大臣们去挖野菜过活的境地
了。

他曾下旨给各地诸侯,希望他们向朝
廷交纳粮赋,以分担中央财政的困境,但
没有一个诸侯响应天子的号令。偌大一

个中央政府, 仅仅依靠曹操控制的豫州和兖州两个州的赋税来养活。从这一点上来说, 曹操迎回汉献帝, 实在是给自己增添了巨大的负担。

汉献帝来到许都三个月后, 便按照新任命的大将军曹操的计策, 下旨谴责实力最强大的袁绍, 说他只顾着自己开疆拓土, 聚敛财富, 却全然不承担供养朝廷的责任。

袁绍接到诏书后, 立即上表为自己辩护, 他历数自己诛除干政的宦官, 讨伐谋逆的董卓等历史功绩，对眼下皇帝与朝廷的处境，将责任一股脑儿推到曹操身上，认为迁都许县的做法令"洛邑乏祀，海内伤心"。

曹操一看袁绍硬的不吃，便来软的。他再次以献帝的名义任命袁绍为太尉、邺侯。当第二封诏书送达之时，袁绍十分愤怒地将诏书扔到地上。他认为这不是对他的尊重，而是对他的羞辱。因为太尉虽然位极三公，但名分却在大将军之下。皇帝之下，大将军是一把手，太尉只是二把手。

　　自恃兵多将广，粮赋充足的袁绍怎么受得了这种气，于是破口大骂："曹瞒（曹操小名叫阿瞒）竟敢挟天子以令诸侯，欺负到我头上来了。"当使者从邺城回来，向曹操禀报袁绍的态度时，曹操一笑置之。

　　如何处理与袁绍的关系，一直是曹操优先考虑的问题。袁绍四世都是贵族，每一代都有人位列三公。曹操也是世家子弟，他的祖父曹腾是中常侍。曹腾的养子曹嵩当过太尉。不过，曹嵩的这个太尉是用钱买来的，因此引起很多人的诟病。曹操和袁绍年少时就是朋友，由于家庭出身的原因，两人都有着与生俱来的政治情结。只不过在后来的发展中，袁绍先声夺人，实力远在曹操之上。

曹操尽管心里非常厌恶袁绍，但审时度势，认为目前还不是与袁绍对抗的时候。于是做出妥协的姿态，把自己头上那顶戴了不到半年的大将军桂冠，摘下来送给袁绍。为了缓和气氛，他派袁绍的老友孔融亲自去邺城宣读献帝的第二道任命官职的诏书。袁绍在招待孔融的筵席上，对曹操极尽嬉笑怒骂之能事。

当然，这次袁绍没有退还大将军的桂冠，而是让孔融给献帝带了一封信札，要献帝搬出低洼潮湿的许都，到冀州境内的甄城再建都城。甄城离邺城不远，

袁绍此时可能意识到当初没有迎回献帝是一个错误。

孔融从邺城回来，在献帝面前极力夸大袁绍的实力。袁绍提出的迁都建议，献帝甚至有点怦然心动。但是，曹操表现出来的强悍作风，让15岁的汉献帝望而生畏。如果要在袁绍与曹操两人之间作出选择，汉献帝身边的人则大多愿意追随曹操而不肯依附袁绍。因为，在迅速崛起的这些军阀中，曹操的智慧和能力是数一数二的。

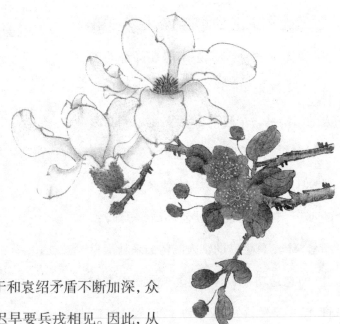

　　但是，由于和袁绍矛盾不断加深，众所周知，两人迟早要兵戎相见。因此，从建安二年起，许都就一直笼罩在战争的阴影之中。

　　两人之所以没有立即开战，是因为各自还有一些棘手的事情必须处理。袁绍那边，还有盘踞在幽州的公孙瓒准备伺机夺回被袁绍吞并的河北地区。而曹操这边，尚有吕布在徐州与他为敌。在此后的一年多时间里，曹操与袁绍都致力于清理自家的后院。公孙瓒与吕布，都先后被他们歼灭。

　　转眼到了建安四年的春天，一天夜里，曹操突然登门拜访闲居在许都的刘备。在东汉末年的英雄谱中，刘备早期给人的印象是一个政治流浪汉。这个自封为"刘皇叔"的草莽人物，总想干一番大事业，但始终找不到一块地盘来安顿自己的理想。他先后投奔过公孙瓒、陶谦、吕布与曹操，总想借助别人的势力来壮大自己，但总是功亏一篑，到头来弄得鸡飞蛋打，两手空空。

　　此前，刘备因为在徐州与吕布交恶，只好硬着头皮投奔曹操，并劝曹操在白门楼斩杀了吕布。此后，他随着曹操回到许都，过了　年多安静的日子。对于曹操的突然拜访，刘备颇感诧异，连忙起身相迎。互相寒暄之后，曹操单刀直入地问："玄德（刘备的字），这些日子在许都赋闲，感到难受是吧？"刘备一惊，遮掩着说："哪里哪里，这一年多来，我在许都长了不少见识。"曹操说："我现在想让你做一件事。"刘备问："什么事？"曹操说："你知道袁术的动静吗？"刘备一愣：

"袁术，他怎么啦？"

淮南王袁术，是袁绍族弟，兄弟二人早已反目成仇。袁术因袁绍是庶出，骂袁绍是"我家的看门狗"。在董卓攻进洛阳大肆劫掠的时候，袁术的手下孙坚在宫里拣到了一枚传国玉玺。据说这方玉玺是李斯为秦始皇所刻，有"受命于天，既寿永昌"八个字。孙坚被刘表手下的大将用暗箭射死后，袁术逼迫孙坚的遗孀交出了传国玉玺。袁术一直都做着皇帝梦，得到传国玉玺后，他相信自己是上天派到人间来继承汉室江山的真命天子。

于是袁术在建安二年春于安徽寿

春称帝，自称"仲家"。但是，这位"袁皇
帝"并未得到各路诸侯的认同，加之治下
的淮南遭遇百年未遇的旱灾，袁术很快
就陷入了天怨人怒的绝望境地。万般无
奈，他只好硬着头皮联络早就成为仇人
的兄长袁绍，希望前往邺城投奔他，并以
传国玉玺与皇帝的封号作为见面礼。

　　袁绍接到袁术的信后，一来出于对
传国玉玺的浓厚兴趣，二来他正急于组
织抗曹的统一战线，于是决定收留这个比
落水狗还要狼狈的弟弟。袁绍当即命令

他的大儿子、时任青州刺史的袁谭率兵前往徐州接应。

曹操探得这一情报，便立即作出部署，要截击袁术。思来想去，他决定将这一重任交给刘备。听曹操说明原委，已是笼中鸟的刘备当即答应。他的心态是"此时不飞，更待何时"？

三天后，刘备就率领由曹操提供军需粮饷的数千兵马离开许都前往徐州。对于曹操的这一安排，他身边的谋士郭嘉、程昱都表示反对，他们认为刘备绝不是甘为人下之人，曹操让他带兵前往徐州，是放虎归山。但曹操认为刘备是可用人才，不可乱加怀疑。半年后，曹操就因为这一安排而险些酿成大错。刘备到达

徐州后就杀掉了曹操的徐州刺史车胄，占
领了徐州，与曹操决裂，并派孙乾与袁绍
联和。这正是："几许残阳画角哀，汉家
陵阙入蒿莱。奸雄搅起狼烟处，忍看惊
鸿绕帝台。"

二、张绣归降

（一）官渡之战前的基本割据态势

说起官渡之战前的张绣降曹事件，不得不简单交代一下当时的军事割据形势。以讨伐董卓为名的汉末军阀大混战，经过激烈残酷的交锋，到官渡之战发生前夕，已经形成了几个比较稳定的军事集团。以建安四年(199年)初为界的话，当时的大致形势如下：

袁绍集团。此时, 袁绍已经消灭了公孙瓒, 占据青、冀、并、幽四州之地, 民户百万, 兵力数十万, 势力最大。

曹操集团。建安三年十二月(198年12月)消灭了吕布, 占据豫、兖、徐、荆州北部、青州一部分, 是仅次于袁绍集团的大军阀。此外, 曹操还牢牢控制着汉献帝, "挟天子以令诸侯", 政治上占尽先机。

除了袁绍集团和曹操集团

外，当时还存在大约八个较大的军事集团。北方有五个：辽东的公孙康、关中的马腾和韩遂、南阳的张绣、汉中的张鲁和淮南的袁术。南方的军事集团主要有三个：益州的刘璋、荆州的刘表和江东的孙策。

在所有的割据势力中，相对来说，袁绍和曹操的势力最大，并且已经呈现出对峙的态势。从两个人的个人抱负来说，又都有统一天下之志。因此，两军的冲突不可避免，兵戎相见只是时间问题。两军的交锋，必然会引起其他军团的注意，相互之间的关系若处理不当，就极有可能把朋友变成敌人，给自己凭空增加对手。

从当时的情况来看，公孙康远据辽东，张鲁、刘璋偏居西南，从地理位置上来说，他们鞭长莫及。孙策正在江东抓紧站稳脚跟，对逐鹿中原有心无力。马腾、韩遂也固守关中，采取观望之势。势力强大的刘表，缺少锐意进取之志，不知何

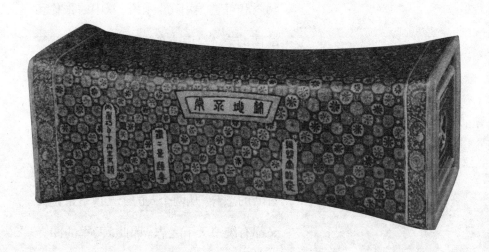

去何从，竟然采取两不相帮的政策。袁术当时气数已尽，奄奄待毙。因此，这些军事集团，对官渡之战的意义不大。但张绣一支势力，却对两方的影响甚为重大，而且，和其他军事集团相比较，张绣与曹操有着更深的恩怨。

（二）张绣和曹操的恩怨

张绣，武威祖厉人，是骠骑将军张济的侄子。由于关中连年混战，张济的军队给养出了问题，不得不率军出关，退到南阳，中流矢战死，他死后部队归属张绣统领。

　　张绣领有张济的军队后，就依附于刘表，屯兵于宛，依靠勇猛剽悍的凉州兵，替刘表把守荆州的北面门户。这样，曹操可就坐不住了。本来，袁术退出南阳后，曹操的南方威胁稍稍减轻了一些，现在，张绣却补充了这一地区的军事空白。

　　另外，若曹操想一统天下，南阳就是南下的必经之地。现在，自己的后方暴露

在张绣大军的兵锋之下,曹操岂能坐视不理?建安二年(197年)春正月,曹操亲率大军南征,兵锋迫近,大军压境之下,张绣举军投降。本来,这对曹操是极为有利的一种结果,却由于曹操处理不当,引起了张绣的叛离,曹操自己也差点丢了性命。其首要原因,就是曹操把张济的遗孀纳为己有。这件事情成为张绣叛离的重要

诱因。

　　曹操的另一个不当之处，就是厚待
张绣的部下，尤其是猛将胡车儿。胡车儿
是张绣心腹，曹操的一些举动，令张绣寝
食难安。最终，张绣听取了谋士贾诩的建
议，对曹操来了个突然袭击。由于事出突
然，曹操猝不及防，惨败而归。曹操的得
力战将典韦力战而亡，就连曹操的长子曹
昂和侄子曹安民，也死在乱军之中。

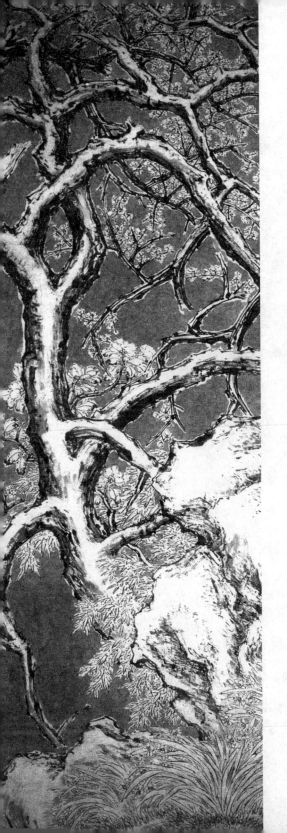

　　如果说过去双方的斗争，只是军事原因的话，那么从此以后，双方无疑更有了私人的恩怨。当年冬天十二月，曹操二入南阳，到宛城，攻取了湖阳(今河南唐河)、舞阳(今河南泌阳境内)，建安三年(198年)正月，还军于许都。建安三年(198年)三月，曹操三入南阳，把张绣围在穰城。

　　但就在此时，袁绍听取了田丰的计策，计划趁虚袭击许昌，迎献帝，"挟天子以令诸侯"，曹操不得不匆忙撤离了南阳。后来，由于东线吃紧，曹操不得不放下南阳，东进消灭了吕布。建安四年(199

年),袁绍大军开始南下。八月,曹操进军黎阳。九月,就开始在官渡部署兵力与袁绍对峙。大概正是在这时候,袁绍展开了对张绣的劝降。但适得其反,到十一月的时候,张绣却率众投降了曹操。不久,曹操重回官渡,亲自坐镇这一重要军事门户,展开了对袁绍的进攻。

(三) 张绣归降的重要意义

官渡之战前的局势，由于其他势力介入的有限性，张绣军的地位就显得尤为重要，也成为双方争取的对象。当时，袁绍派人劝降张绣。张绣很想答应，他的谋士贾诩却对他说："袁绍连他的兄弟都容不下，还能容得下别人吗？"张绣大吃一惊："我们不会也和袁术一样吧! 如果真是这样，那我们该怎么办啊？"贾诩说：

"我们不如还是投降曹操吧。"张绣不同

意："现在的形势是袁绍势力比较强，而

曹操很弱，怎么能投靠他呢？"贾诩说：

"曹操奉天子以令诸侯，我们归降他是

从大义，而且正因为他比较弱，所以我们

归降以后才显得更为重要，对袁绍来说

多我们不多，少我们不少，他就不会太把

我们当回事。现在应该以大局为重，还是

放弃个人恩怨的好。"最终,张绣听从了
贾诩的话,率众投降了曹操。果如贾诩所
料,曹操对张绣的归降极为高兴。张绣到
达的时候,曹操拉着他的手与他一起吃
饭,还让自己的儿子娶了张绣的女儿,并
且拜张绣为扬武将军。对于贾诩,曹操也
是敬重有加,表诩为执金吾,封都亭侯,
迁冀州牧。由于冀州未平,留参司空军
事。

　　曹操对张贾二人表现得如此热情，说明张绣军对他的意义非比寻常。其首要意义，就是解除了曹操侧后方的威胁，使之可以专注于官渡一带的战事。当时，曹操建都于许，即今天的许昌市附近，此地在当时归属颍川郡。而张绣原来驻扎军队的地方在宛，即现在的南阳市附近，当时归属南阳郡。

　　南阳地区和颍川郡相毗邻，而且自古就是南方势力北进的战略要地。春秋战国时期，楚国北上基本上都是取道南阳

的。从两军的位置来看，张绣军时刻威胁着颍川地区，成为曹操的一个心头大患。曹操三次南征，其实就有解决自己腹地威胁的考虑。但由于种种原因，曹操费尽心思，却始终没有把张绣的威胁彻底解除。而今，张绣的归降，不仅使自己得到了勇猛善战的凉州兵，更重要的是，解除了自己后方的威胁。这样，曹操就可以全力关注官渡一带的战事，避免了两线作战的不利局面。

　　后来的战事进程，也在一定程度上
反映了张绣归降的重要作用。第一个作
用就是张绣军补充了曹操的军事力量。
虽然张绣的力量到底在官渡之战的具体
战斗中起到了多大的作用，我们已经无从
知晓，但是我们能想象得出，那些剽悍的
凉州兵，经过多次的战争锤炼，都绝非
泛泛之辈。而且，他们由于是新归顺曹操
的部队，为了表现自己，必然个个全力死
战。

　　张绣的归降也保持了南阳地区的稳定。当时，刘备投降袁绍后，袁绍派刘备深入汝南一带，同龚都合作，骚扰曹操的后方，甚至斩杀了曹操派遣的蔡阳。但是，此时的南阳地区，却由于张绣的归降而被曹操牢牢地掌握，刘备向南无法和刘表取得联系，袁绍又不肯出重兵给刘备。所以，在整个官渡之战进程中，刘备虽然给曹操带来一定的麻烦，但没有给曹操的后方造成根本性的威胁。

　　可以想象，若是张绣没有归降的话，以他和曹操的恩怨来看，必然会同刘备合作，乘机攻打曹操的基地——颍川地区，官渡之战鹿死谁手还真有可能另当别论。当然，张绣归降，更有巨大的政治宣传意义。张绣与曹操的怨仇，不可谓不深。曹操霸占了张绣的婶子，张绣也杀了曹操的亲生儿子外加一个侄子和一员猛将。两家可以说已经是势同水火，曹操后两次进抵南阳，张绣也是拼死抵抗。现在，这样的对手归降后，都受到了如此优待，不正是曹操显示出诚心招贤纳士的胸怀吗？曹操过人的容人之量也确实令人敬佩。总之，张绣的归降，可以算作官渡之战揭幕前的一个小插曲，但是，它却在一定程度上影响了官渡之战的进程和结果。

三、决战时刻

(一) 袁绍与曹操

初平元年(190年), 关东各军事集团联合讨伐董卓时, 各势力差不多都有数万人之多, 当时关东各军事集团共同的敌人是董卓, 他们之间还未开始互相兼并, 处在刚刚建立自己武装的时期, 因此, 各军事集团之间的力量对比, 没有太悬殊。在东汉末年那个讲究门第的时代, 袁绍由于显赫的门第和社会声望被推为盟主。此后,袁绍先从韩馥手中夺取了冀州,又把势力伸到幽、并、青三州。初平二年(191年),袁绍消灭了幽、青二州的公孙瓒,遂完全据有幽、冀、并、青四州,成为北方最大的割据势力。但袁绍在培养第二代继承人的问题上却出现了失误,优柔寡断,举棋不定,没有明确指定由谁来继承他的事业,对每个儿子都差不多,分给每个儿子的权力也差不多,第二代之间没有谁很强谁很弱的问题,每个人都可能

成为继承人，由于对继承权的争夺，在他的割据势力范围内，又形成了若干新的割据势力。

曹操曾跟随皇甫嵩镇压黄巾军，后来又募兵参加讨伐董卓的关东军。192年，青州黄巾军杀兖州刺史刘岱，由兖州地方官出面迎曹操为兖州牧。同年，曹操在济北（山东长清）打败了青州黄巾军，俘虏了三十万人编为青州兵，势力借此壮大起来。建安元年（196年），曹操又带兵进入汝南和颖川，镇压了在那里活动的黄巾军余部，他的势力开始扩展到豫州。

曹操刚到兖州时，采用了毛玠的建议：奉天子以令不臣，发展农业以充军饷。196年，汉献帝由长安逃回洛阳，曹操立即迎献帝到许昌，以许昌作为都城。曹操采取"挟天子以令诸侯"的策略，这正是他的精明之处，是他的政治活动的一

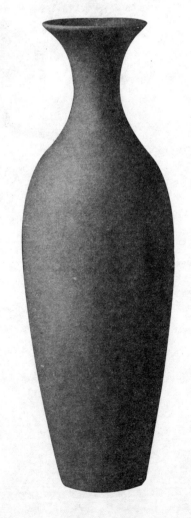

大特色。在曹操那个时代,两汉皇朝已统治了四百年,在人们心中有着不容忽视的影响。曹操"挟天子而令诸侯",打着汉皇室的旗号,无疑提高了他的政治地位,使他能够高居群雄之上,名正言顺地进行统一战争。

志大才疏的袁绍,在这个问题上就不如曹操,当曹操还没有控制汉献帝时,袁绍的谋臣沮授曾向他建议说:"宜迎大

驾安宫邺都，挟天子而令诸侯，畜士马以

讨不庭。"可是，袁绍却害怕在他身旁安

置一个皇帝会削弱他的权力，使他不能

再为所欲为，因此拒绝了沮授的建议。但

不久当袁绍认识到未控制汉献帝为失策

时，大错已经铸成。

　　同年，曹操又开始在许昌募民屯田，

初步解决了粮食问题，打下了经济基础。要支持长期的战争，光有粮食当然还不够，还得有武器装备和充裕的经费。为解决装备和经费问题，曹操实施了对盐铁业进行控制的政策。曹操曾设置司金中郎将、司金都尉、监冶谒者等官员，来主管铁的生产。曹操对盐的控制始于建安四年，当时卫觊坐镇关中，他向中央上书

要求发展盐业生产，曹操接受了这个建议，开始设置盐官，控制了盐的生产。曹操置使者监卖的盐，主要产自河东盐池。此盐池在今山西运城境内，总面积132平方公里，历代政府多在此设置机构以管理生产，收取巨额盐税。曹魏在此所收的盐税，肯定不全用于发展经济，而是和以前一样，主要用于军费。由于曹操采取了正确的方针和策略，所以他的势力逐渐强大。他还先后派钟繇、卫觊打着汉献帝的旗号到关中笼络那里的割据势力，暂时稳定了关中的形势。这样曹操就在

中原站稳了脚跟，成了唯一能和袁绍抗衡的力量。

当曹操发展成为仅次于袁绍的第二大实力集团后，袁曹之间的决战成为必然。建安五年（200年），当袁绍消灭幽州的公孙瓒以后，就调集大军气势汹汹地向官渡推进，企图直捣许都，一举灭掉曹操，于是袁、曹之间的官渡之战爆发了。这次战争是当时北方由分裂割据走向统一的转折点，在我国历史上占有重要的地位。

（二）双方的战略部署

袁绍企图借消灭公孙瓒的余威乘机消灭曹操，统一中原，建霸王之业。于是他挑选精兵十万，马匹万匹，准备进攻许都，消灭曹操。袁绍在出兵之前，召开了一次军事会议。在这次会议上监军沮授不同意立即对曹操作战，他指出，大军征战多年，百姓疲弊，仓库里没钱没粮，目前应该让百姓休养生息，以增加经济实力。而且，汉朝的皇帝还在许都，哪有臣

子攻打君主的道理。同时，平定叛乱除暴安良是为义兵，恃强凌弱是骄兵，义兵无敌，骄者必败。沮授认为要进行这场战争并取得胜利，必须要寻找一个很好的借口，师出有名。还要加强战备，增添船只，修缮器械，做好充分的物质准备。打仗的时候先屯兵黎阳，稳定河南，分遣精锐骑兵抄略曹操统治的边境地区，令他顾此失彼不得安宁，袁军好以逸待劳，坐取胜利。这是沮授根据当时的形势，对双方客观情况进行客观分析后得出的结论。

但是袁绍的另一部分将领为了迎合袁绍的意志, 极力夸大袁绍的军事力量。他们狂妄地认为如果不进行这场战争, 那就是"天与不取, 反受其咎"。这个意见正符合袁绍企图一举消灭曹操的愿望, 于是袁绍采纳了审配、郭图的错误策略, 决定率大军攻曹, 从而爆发了历史上著名的官渡之战。

曹操方面, 当袁绍召开进攻曹操的

军事会议的消息传到许都之后，曹操的许多军事将领都非常害怕，认为袁绍势力强大，不可抵挡。但曹操与袁绍交往多年，对他很了解，他说袁绍这个人志大才疏，外表强大胆子却小，对下属又没有多少威严，兵虽然多却没有明确的分工，手下的将领意见又不统一，但是他的土地足够宽广，粮食也很丰厚，如能为我所

　　用，正好可以用来给我们养兵。

　　曹操的谋士荀彧也指出袁绍的兵虽多可是管理却不严，将领谋士之间矛盾重重，水火不相容，一定会发生内讧。剩下的颜良、文丑，又是有勇无谋之人，没有太大的威胁。曹操、荀彧从袁绍的优势中看到了他的劣势，从自己的劣势中看到了优势，于是曹操决定集中兵力对抗袁绍的进攻。

（三）东击刘备

当曹操在建安四年（199年）八月得知袁绍将要进攻的消息后，立即率兵进驻冀州的黎阳，令于禁率步骑两千屯守黄河南岸的重要渡口延津，协助东郡太守刘延扼守白马。另派臧霸将兵自琅琊进入青州，占领北海、东安等地，以牵制袁绍，巩固右翼阵地，防止袁绍从东面袭击许昌。

　　同年九月，曹操自黎阳退守官渡，以主力在官渡一线筑垒固守，阻挡袁绍从正面进攻。十二月，曹操派刘备去徐州堵截袁术北上，刘备到达徐州后就杀掉了曹操的徐州刺史车胄，占领了徐州，与曹操决裂。曹操不得不在建安五年(200年)正月，率兵亲征刘备。

　　当时有的将领劝曹操不必亲率大军去攻打刘备，曹操回答说刘备是一个很有才能的人，现在不把他消灭，将来一定会成为心腹大患，实际上曹操还是害怕将来与袁绍决战时腹背受敌。同时，郭嘉也指出袁绍生性迟钝而且多疑，来得一定很慢；而刘备刚刚兴起，很多人未必真心依附于他，如果现在攻击他，他一定会败的。

曹操正是利用袁绍"性迟而多疑，来必不速"的弱点，以迅雷不及掩耳之势击败了刘备，解除了后顾之忧。在曹操进击刘备的时候，田丰向袁绍献计说："能与你争夺天下的人就是曹操。现在曹操东

击刘备，趁这个时机去袭击他的后方一
定会成功。随机应变，要抓住时机啊。"
而袁绍却以小儿子生病为由拒绝了田丰
的正确建议，急得田丰举杖击地说："天
啊！这样生死存亡的关头，却因小孩子有
病而失掉了这么好的机会，真是太可惜
了，现在，大势已去啊。"

　　袁绍就是这样，虽然有成功的机会
却因为自己能力不足、犹疑不定而一次次
地错失机会。

　　直到曹操击败刘备，回军官渡之后，袁绍这才想起应该进袭许都。田丰认为前机已失，不宜再进袭许都，现在应该打持久战，并且建议袁绍：开辟南面战场的同时发展农业，以增加经济和军事实力。在此基础上，再挑选精锐，乘虚出击，侵扰河南，救右则击其左，救左则击其右，就是实行所谓的游击战术，使曹操疲于奔命不得安宁，人民不能安居乐业，生产也得不到发展，用不了三年时间，就可以坐取胜利。这个建议和沮授的意见是一

致的。他们两人都反对袁绍与曹操决战，都主张"以久持之"。并且田丰警告袁绍说："您要是不按我们说的做，到时候后悔就来不及了。"袁绍不听田丰的告诫，田丰则犯颜进谏，被袁绍投入监狱。袁绍的手下不是没有能人，只可惜这些人都生不逢时，没有遇到明主。

（四）白马、延津之战

建安五年（200年）正月，袁绍发布声讨曹操的檄文，开展政治攻势。二月，袁绍派颜良过黄河去围攻东郡太守刘延，夺取黄河南岸的战略要地，以保证主力渡过黄河，自己则引军进驻黄河北岸的黎阳。

此时，曹操已击败刘备夺取了徐州，回军官渡。到了四月间，曹操用荀攸声东击西的计策，率军自官渡北上，伪装进军延津，摆出要袭击袁绍后方的姿态，袁绍果然上当，分兵支援延津。于是曹操率轻骑，派张辽、关羽为前锋，兼程赶往白马。曹军距白马十余里时，颜良这才发现，急忙分兵迎战，关羽乘其不备，斩了颜良，解了白马之围。

曹操解了白马之围后，救出刘延和城中军民沿黄河西撤，袁绍即率军渡河追击曹军。沮授劝袁绍："颜良被斩，曹军撤退，胜负变化不可不详加了解，现在应该以延津为据点，分兵官渡，如果打胜了，再进军不晚，如果一旦受到挫折，大军还可以撤回来。"袁绍不听。沮授看到袁绍如此固执，于是借口有病，请求辞

官。袁绍从此开始记恨沮授，剥夺了沮授手中仅有的一部分军队，归郭图管辖。

袁绍率大军过河，派大将文丑和刘备率兵追击曹军，由于袁军纪律败坏，临阵抢夺曹军故意丢弃的物资，曹操在延津南乘机又斩了文丑，袁军溃败，曹操胜利回到官渡。双方初战，袁绍就损失了两员大将，但从总兵力上来说，袁绍仍占绝对优势。

（五）官渡相持

八月，袁绍率军自阳武进至官渡前线，依沙堆立营，东西宽约数十里，与曹军对峙。袁绍认为这场战争有绝对胜利的把握，他自大地命令军中兵丁每人手里拿三尺长的绳子，等到把曹操抓住的时候好用来绑他。由此可见，袁绍骄傲轻敌到何种程度。

两军相持到九月间，曹操除与袁绍进行了一次小的交战外，始终坚守官渡阵地, 等待战机。袁绍构筑高楼(亦称望楼), 堆起土山, 让士兵们在楼上射击曹军。号令一下, 袁军万箭齐发, 箭密得像雨点一般, 曹营士兵只能用盾牌遮住身体活动。针对袁军这种战法, 曹操命工匠连夜赶造了一种炮车, 发射石块, 把袁军的壁楼击破。炮车发射石块的时候, 声响如雷, 因此, 当时人们都管这种车叫"霹雳车"。袁绍此计没有成功, 又暗凿地道, 直通曹营。曹操命人在营墙内挖掘长沟,

　　进行防御，双方相持约三个月。在相持过
程中，曹操处境很困难，由于曹操兵少粮
尽，士卒疲乏，负担不起军费开支，又有
很多人归降袁绍。

　　在曹军后方，袁绍派刘备到汝南配
合汝南黄巾，攻掠汝南、颍川之间，招降
豫州各郡，在这种情况下曹军内部军心
不稳。曹操有些支持不住，他写信与荀彧
商量，打算从官渡撤退，返回许都。荀彧

对当时的情况进行分析后，认为谁先撤退，谁就会陷入被动。他看出袁军攻势已经减弱，力量几乎用尽，相持局面很快就会发生有利于曹军的变化，于是他回信说："袁绍现在屯兵官渡，想要与我们决一死战。我们一定要以弱胜强，如果不胜而走，一定会失去很多机会，将不再有争夺天下的资格了！"曹操接受了荀彧的意见，一面坚守官渡阵地，一面积极寻求和捕捉战机。

(六) 夜袭乌巢

　　一天，曹军的探子侦察到有几千辆袁军粮车，正在前往官渡的途中，押运官韩猛是个有勇无谋的人，打起仗来总是轻敌，曹操立刻派徐晃、史涣前往劫粮，在半路上打跑了韩猛，烧掉了他押送的全部粮车和军用物资。十月，袁绍又派人从河北运来一万多车军粮，囤积在大营以北四十里的乌巢(在今河南延津境内)，还派大将淳于琼带领一万人驻在那里保护。

由于上次粮车被烧，一度造成袁军给养困难，这次沮授特别提醒袁绍，要他另派蒋奇率领一部分军队驻防在淳于琼的外侧，以防曹军偷袭。袁绍又没有采纳。谋士许攸认为曹军主力集中在官渡，后方必定空虚，他建议袁绍派遣骑兵奇袭曹军后方，星夜袭占许昌。袁绍骄傲地说："不必，我一定可以在这里擒住曹操!"

许攸感到袁绍这样骄傲轻敌，最后必然要败给曹操，不免对袁绍失去信心。

正在这时，许攸的家族有人犯了法，被留守邺城的审配拘留起来。许攸一气之下，背弃袁绍，去投奔曹操。曹操听说许攸来投靠，高兴得连鞋子都没有来得及穿，就跑出去迎接。曹操拍着手说："子远（许攸的字）远道而来，我的大事一定可以成功了。"

许攸坐下来，开口就问曹操："袁绍军势很盛，您打算怎样对付他？目前还有多少军粮？"曹操说："可以支持一年。"许攸知道这是假话，就说："没有这么多

吧!"曹操又说:"可以支持半年。"许攸直截了当地说:"您不想打败袁绍吗?为什么不说实话呢?"曹操知道瞒不过许攸,才说:"其实军粮只够维持一个月了,你看该怎么办呢?"许攸见曹操说了实话,这才把袁绍在乌巢堆积军粮的情况告诉了他,并说:"袁军粮囤没有特别防守,如果您率领轻骑前往偷袭,把袁绍的粮草全部烧掉,不出三天,袁军将会不战自溃。"许攸的计策,使曹操喜出望外。

当天夜里,万籁俱寂,曹操留下曹

洪、荀攸防守官渡大营，亲自率领精锐步、骑兵五千人，打着袁军旗号，每人手持一束干柴，口里衔着横枚，把所有的马嘴都绑扎起来，从小路奔向乌巢。枚是一根像筷子似的小木棍，古代夜间行军或偷袭敌营，往往让军士每人口中衔枚一个，以免说话或出声，被敌人发觉。

在行军途中，曹军忽然遇到一队袁军，盘问他们是何处兵马。曹操让士兵回答说："袁将军恐怕曹操偷袭乌巢粮囤，特地派我们前去增援。"就这样，曹军顺利地通过了袁军的防线。天还没亮，他们

就摸进了乌巢，把袁军的粮囤团团围住，放起火来。在黑夜里，只见粮囤周围浓烟四起，火光冲天。袁军从梦中惊醒，慌作一团，不知如何是好。

袁军守将淳于琼仓促应战，经过曹军一阵猛攻，只得退守营门。袁绍听说曹操进攻乌巢粮囤，仍旧没有引起足够的重视，反而盲目地认为这是攻下官渡，歼灭曹军主力的好机会。他对长子袁谭说：

"即使曹操攻破淳于琼,只要我们攻下曹操的大营,他就没有退路了!"

于是袁绍命令大将张郃、高览率兵去攻打曹操的官渡大营。张郃认为曹操亲领精兵围攻乌巢,淳于琼恐怕支持不住。如果乌巢有失,则大势去矣。因此,他一再请求袁绍先派兵去救淳于琼。可是,袁绍在谋士郭图的迎合下,仍然坚持以主力进攻曹操官渡大营,只派少数骑兵去救乌巢。

由于曹军官渡阵地坚固，战士死守，袁军攻打不下，主力部队反而被拖住，这就给曹操攻下乌巢创造了有利条件。当袁绍的增援骑兵临近乌巢的时候，曹操的部下报告说："敌人援军就要到了，我们快分一部分部队去抵挡吧！"当时，正是能否攻下乌巢，决定胜负大局的紧要关头。因此，曹操严厉地斥责部下说："等敌人到了我们背后，再来报告。"

在曹操坚决果断的指挥下，将士们拼死战斗，不仅击溃了袁军的增援部队，而且攻下了乌巢粮囤，杀死了淳于琼。袁军的一万车粮谷被烧得一干二净!

淳于琼战败被杀的消息传到官渡前线，张郃看到大势已去，又听说郭图在袁绍面前说他坏话，他既气愤又害怕，便同高览把全部攻城器械烧掉，一同到曹营投降。袁军粮囤被烧，军心已经动摇，这回主将投降，更加慌乱，一下子全都溃散了。曹军乘势出击，袁军大败，主力差不多全被歼灭，袁绍和袁谭只率领八百名亲兵逃回黄河以北。

袁绍因为这次惨败，元气大伤，终于积郁成疾，在202年5月病发死去。他的几个儿子争权夺位，互相攻杀，结果被曹操各个击破。206年，曹操彻底消灭了袁氏的残余力量，结束了袁氏父子的统治，一统中国北方地区。

四、情报工作

　　曹操在官渡之战中之所以能准确把握战机、出奇制胜，最终以少胜多、以弱胜强，一个很重要的方面就是他的情报侦察工作做得好，并贯穿于整个战争的全过程。

　　对于官渡之战，一般都认为是曹操善于利用袁绍恃强骄横、不善用人、疏于筹策的弱点，后发制人，攻守相济，把握战机，出奇制胜，以少胜多。这都不错，

但是之所以曹操能够准确把握战机，每每出奇制胜，最终以少胜多，关键还在于曹操的侦察情报工作做得好。真正做到了《孙子兵法·用间篇》所说的"三军之所恃而动也"，即整个军队都要依靠侦察人员提供情报而采取行动。

曹操不仅在战前和战斗进行过程中广泛开展谍报侦察，还注意把谍报侦察与战场部队侦察有机结合，相互印证，灵活运用，取得了战争的胜利。他在官渡之战中的侦察情报工作主要有以下特点：

　　曹操在战前就对袁军展开了全面而深入的侦察判断。他不仅对袁军的军事、政治、民心、士气等侦察得十分详细，甚至对其用人制度、主要的文臣武将的秉性脾气以及袁绍本人的特点都摸得清清楚楚。曹操还与谋士荀　、郭嘉等对袁绍的情况进行反复的研究、比较、度算、判断、分析，归纳出袁绍有十个方面不如曹操，即：道、义、治、度、谋、德、仁、明、文、武。

　　袁绍出生在四世三公的家庭里，他为人讲究虚伪繁琐的礼节、拘泥于陈腐的经典。而曹操料事决策，高瞻远瞩，善于把握事物发展的规律，不墨守成规。因此，袁绍在最根本的"道"上就败了。

　　"绍以逆动"，袁绍和项羽一样倒行逆施，一贯采取纵容豪强兼并的政策，使其统治区的人民生活非常艰难，因而人心背离，此"义"败也。

多年来汉朝政治局面的腐朽，在袁绍治理的地方也没有一丝一毫的改变，反而变本加厉，此治败也。而曹操则主张法治。

袁绍任人唯亲，手下的文武大臣，都是他的亲戚、子弟，真正有才能的人一个也不信任。而曹操能广招天下贤能之士。

袁绍优柔寡断，现在虽然强大，却终不能成大业。曹操却正好与他相反，这就

是"谋"败。

袁绍在用人的问题上是"能聚人而不能用"，周围聚集了一群拍马逢迎之人，他只能听信谗言。而曹操在网罗人才及用人上注重实际，唯才是举，因此在德的方面，曹操又明显高出袁绍一筹。

袁绍是一个假仁假义的伪君子。他维护豪强地主的利益，不择手段地掠夺百姓，外掳田野，放兵捕人，如猎鸟兽一样，使得成千上万的人倒毙在山间、路旁，全然不顾，此仁败也。

　　在袁绍集团内部，分帮结派，勾心
斗角，矛盾重重，不能一致对外，此明败
也。

　　袁绍是非不分，指黑为白，此文败
也。

　　袁绍只会死背经书，而不会用于作战
实践。曹操不仅精通兵法，善于用兵，而
且能以少胜多，用兵如神，并且能做到法
令严明，赏罚必行。双方一比较，袁绍在
"武"的方面更是必败无疑。

　　在曹操、袁绍两军官渡对峙，彼此相
持近半年的这一阶段里，曹操一刻也未

放松情报的搜集工作，经常派出细作探知虚实，报至官渡。

曹操不仅能够根据情报正确预测敌我形势变化和发展的趋势，而且善于利用及时准确的情报，把握时机，用谋造势，逐渐扭转战略态势。如决战前的白马、延津两次局部战斗都是知己知彼、料敌在先的精彩战例。特别是延津伏击战更是巧妙绝伦。本来曹操解了白马之围后，要迅速撤回官渡，但当行到延津以南白马山地带，曹操的侦察骑兵汇报了袁军追赶的

准确情报，于是曹操利用有利地形巧设伏兵，几乎全歼袁军人马。

白马、延津两次交锋，使袁军连失颜良、文丑两员大将和上万兵马，士气大挫。而曹军通过这两次胜仗，极大地鼓舞了全军的斗志，增强了战胜袁绍的信心，使曹军在相当程度上改变了战略上处于劣势的被动地位，为官渡决战创造了有利局面。

在战斗进行中，曹操使用各种侦查手段及时获取机密情报，出奇制胜。这正是曹操高明过人之处。唐宋八大家之一的苏东坡就盛赞曹操在官渡之战中的用兵奇谋,说"自古用兵者,莫如曹操,其破灭袁氏,最有巧思"。曹操"巧思"的一个非常重要的方面当然就是善于在战斗中获取和利用侦察情报。

曹操在截击袁绍运粮车队和夜袭乌巢袁军粮囤的两次关键战斗中,都是获取侦察情报后采取的重大军事行动。一是实施捕俘侦察,截敌粮运。曹操的大将

徐晃令部将史涣执行战斗任务, 史涣的部队通过捕俘侦察, 抓获了袁军运粮车队的一名在前面探路的运粮"仓储史"。经徐晃亲自审讯得知: 袁绍军运粮车数千辆正在运往官渡途中, 而押运官韩猛锐而轻敌。于是曹操令徐晃、史涣引轻骑数千前往截击该运粮车队, 将袁绍的数千辆粮车尽数烧毁, 并击败了袁绍的救援部队, 极大地震撼和动摇了袁军的军心, 从而扭转了曹军的不利局面。

二是善于利用敌叛臣为间谍, 奇袭乌

巢。许攸是袁绍的谋臣，屡次向袁绍献灭曹之策，袁绍却根本不理会。曹操也深知许攸不受袁绍重用。此时，正巧许攸家人犯法，被同事审配扣押，许攸献计时又遭袁绍当众辱骂。许攸悲愤已极，仰天长叹："忠言逆耳，竖子不足与谋！我的子侄已被审配害了，我还有什么脸面见冀州父老啊！"说完拔剑就要自刎。

曹操的细作乘机策反，先夺下许攸的剑，劝道："你为什么要轻生呢？袁绍听不进忠言，以后一定会被曹公打败的，

你以前就认识曹公,何不弃暗投明?"于是许攸带着自己掌握的核心机密情报投奔曹操。

于是,曹操在许攸情报的指引下,留曹洪、荀攸守官渡大营,亲自率步骑冒充袁军,从小路夜袭乌巢袁军粮囤,大获全胜。袁军军心大乱,将士纷纷投降,曹操最终彻底战胜了数倍于己的袁绍军。后人有诗叹曰:"势弱只因多算胜,兵强却为寡谋亡。"而曹操在官渡之战中的"算"和"谋",都是以侦察情报为基本依据的。

五、法儒决战，
　　以弱胜强

官渡之战中，袁绍投入了十万大军，曹操却只有两万多人马，然而曹操战胜了袁绍，赢得了统一北方战争中决定性的胜利，创造了以少胜多、以弱胜强的著名战例。官渡之战是三国时期儒法两家的一次政治大决战，这次战争使代表进步势力的曹魏集团彻底战胜了袁绍集团，成为统一中国最强的政治力量。

曹操之所以能取得这次战争的胜

利,是由于他执行了一条正确的军事路线;袁绍之所以失败,是因为他执行了一条错误的军事路线。

那么,在东汉末期,官渡战役之前袁曹双方的军事、政治、经济、自然诸条件又是怎样的呢?

从军队数量上看,袁绍有十多万人,占据着现今河北、山西的大部分和河南、辽宁的一部分。在政治上,代表着士族官

僚地主集团的利益。袁绍本人自幼就尊崇孔孟之道，信奉儒家学说，因此不懂军事。曹操则与袁绍相反，他在东汉末期政治腐败、军阀割据的形势下，主张"法治"，主张改革，主张统一。他自幼就不讲究儒家的繁礼虚仪，而博览群书，爱好兵法，对军事很有研究，曾对孙子兵法做过注释，流传至今。

　　曹操与袁绍在对待军事科学上，表现了儒法两家截然不同的态度，因此一个是"用兵如神"，另一个则是"能聚人而不能用"。

　　然而由于曹操在政治上代表着中小地主的利益，因此不被当时有权有势的豪门地主集团所看重。曹操所占领的中原地区在连年军阀混战中社会生产力受到很大破坏，经济实力也远不如袁绍。当

时曹操仅有两三万军队，与袁绍相比实力相差悬殊。

袁绍和曹操在军队管理上也完全奉行两条根本对立的路线。袁绍兵多却法令不严，内部混乱；而曹操却与之相反，士兵虽少，却很精干。因此袁绍军的战斗力不如曹军。这两支军队战斗力上的不同，反映了"以礼治军"和"以法治军"两

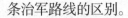

条治军路线的区别。

曹操曾乘袁绍与公孙瓒作战无暇顾及南方战事的时机，打败了当时黄河以南对他威胁较大的吕布，避免了以后与袁绍作战时腹背受敌的不利形势，为官渡之战彻底战胜袁绍奠定了基础。这说明曹操很懂得选择战机和创造有利的作战条件。

我国古代军事家都很注重正确选择战机的问题。《孙子兵法》说："知可以战与不可以战者胜；识众寡之用者胜。"

曹操的这个做法，正是在对敌军各部力量强弱以及战斗态势的分析上正确选择了战机，然而袁绍却不是这样。建安五年(200年)一月，曹操在河南境内向刘备发起攻击，袁绍的谋士田丰建议趁此时机攻击曹操，可是袁绍仅仅因为小儿患病而放弃了袭击曹操的战机。

难道袁绍这样做是偶然的，纯属个人的问题吗? 显然不是，这正是东汉时期

孔孟之道统治人们思想的结果。东汉时期，孔孟之道与腐朽荒诞的"谶纬"迷信结合到一起，成为窒息人们思想的宗教信条。他们把一些与社会现象毫无关系的自然现象解释为指导社会活动的"天意"，从而决定人们行为的取舍。

200年，袁绍从他的大本营邺城率十万大军南下，准备与曹操进行决战，拉开了官渡之战的序幕。当时摆在曹操面前的第一个大问题，就是敢不敢以两万人马去迎击袁绍的十万大军。

　　曹操在战略上敢于藐视敌人,敢于
战斗,夺取胜利。他断然率众从根据地许
昌北上,占据了官渡易守难攻的有利地
势,构筑工事,做好还击袁军的准备。

　　袁绍十万大军进驻到黄河北岸的黎
阳,又派大将颜良率万余人包围黄河南岸
的军事重镇白马。当时白马城中有曹操
的一部分守军和数万群众,这些群众是
曹操战时所需人力的重要来源,因此曹

操必须解白马之围。可是当时袁绍大军在后，前军锐气正盛，曹操如果贸然进攻白马城外的袁军，以弱击强，无异于以卵击石。要想打败人数众多的袁军，就必须把袁军兵力分散，然后各个击破。

正如谋士荀攸当时对曹操所说的"今兵少不敌，分其势乃可"，曹操采纳了这个正确建议，出兵到黄河南岸离白马不远的另一个重镇延津，虚张声势，做出要北渡黄河的样子。袁绍慌了手脚，连忙分兵来守。曹操等待的正是袁绍这个"分兵"，趁袁军分散之际，挥军东去，轻骑袭击白马。大将颜良没想到曹军会突然东来袭击白马，措手不及，仓促应战，被曹军杀掉，围攻白马的袁军大败。

白马、延津两仗挫败了袁军的锐气，在一定程度上改变了双方力量及态势的对比。曹操之所以能赢得白马、延津两场

战斗的胜利，原因是多方面的。其中很重要的原因是他能够客观地了解双方力量的对比状况，执行"后发制人"的原则，用"分其势"的方法制造对方全局优势情况下的局部劣势，然后以自己的局部优势和主动，向敌人局部的劣势和被动发动攻击，一战而胜，再及其余，各个击破，全局因而转成了优势，转成了主动。

在这两场战斗中，曹操深知自己军队虽少但军法严明，军士听命，敢在文丑大军追击下命令军士们解鞍放马而保持队伍不乱,曹操同时又深知袁绍兵虽多但军法不严,必然会因抢物资而乱了阵型,充分发挥"法治"之军的优点,去攻击"礼治"之军的弱点。

然而袁绍却不是这样,他既不知己又不知彼,根本不懂力量对比可以转化这个辩证的道理,自恃拥有十万大军,盲目冒进。早在袁军南下黄河时,谋士沮授就向袁绍指出,袁军虽然人多但战斗力不如曹军,而曹军的粮食财物却不如袁军丰

厚，因此主张与曹军长期对峙，避免直接交战。这样就使曹军战斗力强的优点不能很好地发挥出来，而使曹军军粮物品缺乏的矛盾随着时间推移越来越尖锐，从而达到削弱曹军战斗力的目的。

这个建议无疑是正确的，是通过客观地分析双方各种战争因素及其转化中得来，却遭到袁绍的拒绝。袁绍命令大军渡过黄河屯集在离官渡不远的阳武，命令大将张郃率领前军在官渡前线向曹军猛攻。因为曹军在官渡早已构筑好工事，士卒又勇猛抵抗，所以袁军进攻数月没有

一点进展。这时谋士许攸和大将张郃又向袁绍建议从阳武出精兵偷袭曹操的后方许昌，造成南北夹击的形势，切断曹操供给的通道。然而这个建议又被袁绍拒绝了，他只是一味强调正面攻城。

《孙子兵法》说："上兵伐谋，其次伐交，其次伐兵，其下攻城，攻城之法，为不得已。"曹操在注释这段话时说："攻之为下。"可是袁绍在完全可以机动

迂回的情况下固执地采取"不得已"的
攻城之法，可见其军事思想的形而上了。
《孙子兵法》说："兵者，诡道也。"曹操
在注释这话时说："兵无常形，以诡诈为
道。"这就是提倡主动性、灵活性。

　　乌巢是袁军最大的囤粮基地，屯放了
十多万石军粮，可以说是袁军的生命线，
然而袁绍并没有认识到它的重要性。沮
授和张郃早就向他建议派重兵守卫，防
止曹军偷袭，可是袁绍始终不以为然。孙

子说："军无辎重则亡，无粮食则亡，无委积则亡。"历来法家把"耕战"相提并论，提倡"足食足兵"。而儒家则相反，他们宣扬"去食去兵"，不理会战备物资的重要性。

远在袁绍还没有举兵南下的时候，谋士沮授、田丰就向他建议做好战争的物质准备工作，但是袁绍没有接受。相反，曹操却非常重视这个问题。曹操在部署与袁绍作战的非常时期，还派人到关中招收流民屯田，既稳定了后方又保证了长期战争的军粮需要。

在官渡前线，曹操还特意命令部下制造各种军械，发明了能抛巨石的"霹雳车"，用以增强部队战斗力。正是这种军事思想，使曹操立即采纳了刚刚投降过来的许攸提出的正确建议，偷袭乌巢，把袁军囤积的数万石军粮全部烧光。

　　乌巢烧粮的消息传到官渡前线，袁
军军心大乱，张郃也率众投降了曹军，袁
军战线立刻崩溃。这时，曹袁双方力量发
生了根本变化。曹操经过几次战斗，尤其
是最后这次乌巢烧粮和张郃投降，由弱
变强，由劣势变为优势；而袁绍则由强变
弱，由优势变为劣势。

　　后来曹操又经过几次战斗，彻底消
灭了袁绍在北方的残余势力，统一了北
方，为后来西晋统一中国奠定了基础。